L'ART DE COMBATTRE

L'ARMÉE ALLEMANDE

L'ART DE COMBATTRE
L'ARMÉE ALLEMANDE

PAR

UN ANCIEN CAPITAINE D'ARTILLERIE

Tôt ou tard la victoire doit
forcément revenir au plus
vaillant.

PARIS

PAUL OLLENDORFF, ÉDITEUR

28 bis, Rue de Richelieu, 28 bis

1887

Tous droits réservés

A LA MÉMOIRE

DES MORTS DE 1870

PREMIÈRE PARTIE

CONSIDÉRATIONS GÉNÉRALES

> J'ai fait mon devoir de vous le dire.
>
> JEANNE D'ARC.

CONSIDÉRATIONS GÉNÉRALES

Les bruits de guerre et l'Empereur d'Allemagne. — Le vrai moment psychologique. — Histoire du présent travail. — Le duc Decazes. — La chose
imprimée. — État moral présent des grandes nations européennes.

Personne ne le niera, l'idée d'une guerre imminente inquiète tous les esprits. Il y a dans les airs comme de menaçants murmures de clairons.

A cette occasion je crois pouvoir rappeler au public qu'il y aura trois ans tout à l'heure, en une brochure qui eut les honneurs des critiques les plus vives dans tous les journaux d'Europe et d'ailleurs, j'ai dit que tant que vivrait l'empereur Guillaume la paix ne serait pas menacée (1).

J'ajoute aujourd'hui que ce sentiment raisonné est resté le mien et que cette conviction qui est entière dans mon esprit je voudrais pouvoir la faire partager à tous, bien que je croie encore, comme je l'ai dit en 1884 et répété en 85, à des changements prochains de la carte européenne.

Donc je continue à demeurer convaincu que c'est hors d'Europe que tonnera le canon et que la guerre — dont le premier effet serait de nous débarrasser des affolés qui règnent en France et nous ridiculisent aux yeux du monde

---

(1) *Sus à l'Angleterre.* — Dentu, 1884.

entier — n'est pas près de nous soustraire au régime dans lequel nous pataugeons à la grande joie des Allemands, des Anglais, des Italiens, de la clique radicale, de tout en un mot ce qui déteste notre beau, notre noble et notre vaillant pays.

Mais l'empereur Guillaume a quatre-vingt-dix ans, m'a-t-on dit et répété, et à sa mort il y aura forcément par le bruit qui se fera autour de sa gloire incontestable chantée par toutes les trompettes d'Allemagne un concert d'airs de bravoure dont le parti militaire, le seul qui là bas comme partout ne rêve que plaies et bosses, pourra profiter pour saisir et déployer l'éblouissant étendard de conquérant tombé des mains du trépassé.

Oui, cela est possible. Oui, il peut y avoir un moment — moment vraiment psychologique — un moment d'élan, d'élan passager peut-être, mais suffisant pour qu'en surgisse la guerre et c'est en cette seule prévision que je me décide à faire voir le jour à cette brochure qui fut écrite et imprimée dès novembre 1876 — il y a plus de dix ans.

Alors, après avoir parcouru la Turquie et la Bulgarie pour constater et dénoncer à l'Europe longtemps incrédule et par la puissante voix de la Presse les horreurs des massacres qui ont provoqué l'intervention et les victoires russes, j'étais revenu traversant la Saxe et j'avais assisté aux manœuvres allemandes où, pour la première fois depuis 1870, avaient été invités des officiers français, les manœuvres du treizième corps commandé par le duc de Saxe et du quatrième corps aux ordres du général de

Blumenthal — opérant l'un contre l'autre dans les environs de Mersebourg. Puis à Dreux j'avais suivi (avec Léo Delibes, soit dit en passant) les nouveaux bataillons français, ressuscitant les belles armées disparues; j'avais revu successivement le Saxon raide dans son uniforme serré et Dumanet souriant, le képi sur l'oreille et cueillant dans le sillon, à la volée entre deux coups de fusil, une marguerite qu'il logeait joyeusement dans ses lèvres. J'avais à nouveau pesé ces deux ennemis, j'avais aussi relu la célèbre brochure de 1866 du prince Frédéric-Charles : *L'art de combattre l'armée française*, et, l'âme convaincue déjà, l'idée me vint d'en écrire la contre-partie.

** **

Ce fut rapidement fait et l'imprimerie Alcan-Levy du *Petit Journal* m'envoyait bientôt au *Figaro* où je collaborais alors les épreuves de mon travail avec le titre que je reprends aujourd'hui : *L'art de combattre l'armée allemande, par un ancien capitaine d'artillerie.*

J'en donnai les épreuves à lire à deux de nos collaborateurs : Saint-Genest et Escudier. Ce dernier — qui pour nos renseignements faisait la navette entre les Affaires étrangères et le journal — vint chez moi le lendemain et au nom du duc Decazes, le ministre d'alors, me sollicita d'ajourner ma publication pour des raisons qu'on était prêt à me dire si j'insistais — mais d'autre part on en appelait à mon patriotisme pour que j'accédasse purement et simplement à la demande.

Il s'ensuivit que je plongeai ma brochure dans mes cartons d'où je viens de la retirer pour la livrer enfin au public.

*
* *

Je la lui donne parce que, bien qu'écrite il y a dix ans et plus, je n'ai pas trouvé à y changer un mot. Cela doit me porter à supposer que longtemps encore elle pourra être utile et que si nous n'avons la guerre prochainement, comme je continue à le croire (je ne saurais à mon avis trop le repéter), elle n'en sera pas moins d'une lecture profitable car elle fera passer à l'état de choses imprimées certaines idées — dont la plus importante viole absolument le droit des gens — idées qui sont dans l'air mais que personne n'a formulées encore.

Ceci dit et avant d'arriver au but que je poursuis je vais jeter un rapide coup d'œil sur l'état moral présent de l'Europe en général et, en particulier, des deux nations française et allemande — la guerre ne se faisant plus maintenant entre les armées seulement mais entre les peuples tout entiers qu'enrégimente le service obligatoire.

II

L'Angleterre et l'Italie. — Nos ennemis quand même. — L'Inde et les
Apennins. — La Russie et l'Autriche. — Le contractant qui manque à la
France. — Le polytechnicien. — Les sentiments des nations et de ceux
qui les conduisent. — Quatre millions d'amis sacrifiés à l'émeute. — Un
souverain patient. — Floquet, Goblet, Ferry et consorts. — Conclusion.

Je m'attarderai peu à parler de deux puissances militaires secondaires — l'Angleterre et l'Italie — bien que nous
soyons certains à l'avance de les trouver l'une et l'autre
contre nous aux heures mauvaises, la première par cou-
tume et pour ne mentir ni à ses sentiments intimes ni à
son passé louche, la seconde par pure ingratitude. Je ne
m'arrêterai pas à elles, dis-je, parce que d'une part l'Angleterre est condamnée par la Russie qui ne cesse de la
guetter et qui, même de loin et sans la combattre, la tiendra hors d'état de nuire; parce que d'autre part notre seule
flotte suffirait à anéantir l'Italie dont, sans débarquement
même, elle détruirait toutes les côtes ne lui laissant d'in-
tact que l'épine dorsale, les Apennins.

Ceci réglé et en dehors de la France et de l'Allemagne
qui nous préoccupent présentement, deux seuls grands
facteurs existent en Europe : la Russie et l'Autriche.

La première, dont le but immuable est la conquête de
l'Inde vers laquelle depuis longtemps — mais depuis 1870
surtout — elle marche à pas comptés sans que rien ait

jamais pu l'arrêter un seul jour, a trop intérêt à voir toujours notre puissance lui servir de contrepoids, pour que la seconde (dont le vaillant et noble caractère sympathise si bien avec le nôtre) s'expose à faire serrer la tenaille dans laquelle la comprimerait une alliance éventuelle entre le Tzar et le gouvernement français si un jour surgit chez nous ce qui nous manque depuis le maréchal de Mac-Mahon, c'est-à-dire un homme au passé assez pur et à l'envergure assez large pour inspirer confiance à l'étranger.

Cette entente avec nous, tant désirée par la Russie depuis le Congrès de Berlin, était, dit-on, près de se conclure — non en une alliance, qui, étant donné le régime que nous subissons, serait pour un Tzar une mésalliance, — mais en un *modus vivendi* aux effets quasi identiques; elle allait se réaliser au moment où la question des sous-préfets, ces quatre cents utilités de la comédie politique qui depuis 1870 maintient la *Vie de Bohême* sur son affiche, fit sauter l'ancien chef du cabinet.

*
* *

Cet événement, mesquin pour nous, eut lieu paraît-il au moment où l'empereur Alexandre III, renonçant enfin et forcément à la grive gouvernementale française, monarchique ou simplement militaire tant désirée, paraissait vouloir se contenter du merle polytechnicien Freycinet. Il lui reconnaissait sur tous les hommes de hasard qui depuis le principat Grévy se sont succédé cet inappréciable avantage de n'être point avocat et de sortir d'une école dont les produits exercent les uns sur les autres une surveillance qui ne transige pas avec la question d'honneur dans laquelle tous sont unis perpétuellement par la plus étroite et la plus sévère solidarité.

Le *modus vivendi* qui devait nous unir à qui nous aime le plus au monde, aux Russes, et qui ne sera jamais conclu sous Sa Minusculité Goblet, attend donc et on insinue que l'entente Freycinet-Ferry, refaisant une majorité au premier à condition qu'il prenne l'autre avec son frère et toute sa bande, rendrait au Tzar sa confiance d'il y a quelques mois.

N'est-il pas étrange que deux peuples sympathiques au premier chef rencontrent tant de difficultés à se metttre la main dans la main ?

Les Russes et les Allemands se détestent, mais ils ont à leur tête des familles unies par les liens du sang et cela suffit pour paralyser les aversions — disons les haines — des deux nations.

Les Russes et les Français qui sympathisent — et qu s'adoreront le jour où ils recevront le commun baptême des canons nouveaux — ne réussissent pas à s'unir parce que la main que vers nous tend l'Empereur s'adresse à un pouvoir manchot.

Et ce généreux Souverain, qui ne demande qu'à nous apporter l'appui, sinon effectif tout au moins moral, de ses quatre millions de soldats braves entre tous et qui nous aiment, continue à attendre. Il attend, Lui le descendant du glorieux Pierre, Lui le fils respectueux d'Alexandre II qu'essaya d'injurier un comparse de la salle des Pas-Perdus, Lui qui allait avaler la couleuvre Floquet, troisième dignitaire de France, Il attend… Et cette alliance qui depuis des années nous aurait rendu notre éclat et avec lui la splendeur qui fait le luxueux élément de notre richesse, cette force est tenue loin de nous parce qu'elle ne saurait trouver place à côté des eunuques du pouvoir actuel qui ont substitué aux vieilles vertus patriotiques le lâche aplatissement devant la canaille et l'émeute !... Cela nous conduit à cette incommensurable humiliation de trouver en Ferry un moyen de salut.

Si c'est vrai, et si répugnant qu'il serait de voir rendre un portefeuille à l'assassin de Rivière, de Courbet, de Pierre et de tant d'autres, il faudrait accepter le monstre quitte à le rejeter ensuite au fumier. Cette douloureuse extrémité échappât-elle d'ailleurs, et s'échappât avec elle la salutaire alliance russe, il n'y a pas à s'inquiéter outre mesure, car, avec ou sans canons et simplement en montrant ses blanches dents, la Russie nous soutiendrait quand même.

*
* *

Donc, au résumé et en prenant les choses au pis, la guerre qu'à tort ou à raison on redoute si fort aujourd'hui se ferait entre la France et l'Allemagne seules.

Ceci constaté, établissons l'état moral des deux pays en commençant par dire que sur ce terrain nos anciens et futurs ennemis ont sur nous un incontestable avantage.

L'Allemagne et la France. — Les mobilisations. — Un sous-officier allemand et un capitaine français. — La presse, les tribuns et les correspondants aux armées. — Pouvoirs militaires et pouvoirs civils. — Le mur et
la corde. — Les cent mille Allemands de France et le Droit des gens. —
La Force prime le Droit.

L'Allemagne est armée autant moralement que maté-
riellement. C'est-à-dire que la mobilisation ne rencontrera
chez elle aucune entrave et que dans le temps le plus court,
du petit au grand, chacun aura pris sa place dans le rang ;
chacun, sans songer aux échappatoires, ne pensera qu'à la
patrie menacée et obéira docilement et respectueusement
à l'officier qui la représente, fût-il d'hier échappé des
écoles : en un mot, malgré les socialistes mais grâce à la
sainte discipline aux mains de fer, la soumission sera à la
fois immédiate et complète.

En sera-t-il de même en France ?.....

Je demande à faire précéder ma réponse à cette question vitale par une double anecdote.

C'était il y a peu d'années. Traversant Berlin un matin
au retour d'un très lointain voyage, je me disposais à
gagner la gare lorsque, sous les Tilleuls, mon attention
fut éveillée par une discussion entre un cocher de Dro-
schke (fiacre) et un militaire ; l'entente ne paraissait pas se
faire sur la question des heures dépensées ; le cocher

tenait bon, la foule curieuse s'amassait et intervenait.— Ce que voyant le soldat coupa court en disant :

— J'affirme que j'ai pris la voiture à telle heure ; j'affirme, moi qui ai l'honneur d'être sous-officier.

Cette déclaration ferma la bouche au cocher et le militaire s'éloigna du pas tranquillement fier du soldat qui se sait respecté.

Le lendemain, moins de vingt-quatre heures plus tard, à peine arrivé à Paris je montais les Champs-Élysées lorsque m'attira une scène analogue. Le cocher parisien — ils sont sur ce point partout les mêmes — réclamait plus que son dû d'un monsieur dont le ruban de la Légion d'honneur ornait la boutonnière. Comme à Berlin, tous deux s'entêtaient, les passants s'arrêtaient et un sergent de ville étant intervenu le voyageur lui remit sa carte en disant :

— Je ne dois que tant, voici la somme et voici mon nom ; je suis capitaine à tel régiment de ligne.

— Capitaine ! s'écria le cocher, la belle affaire, je me fous pas mal de vous.

L'officier s'éloigna tandis que le sergent de ville demeurait silencieux et inutile et que le cocher criait de loin :

— Hé, va donc, Versaillais !...

*
* *

Je devais forcément faire un rapprochement entre ces deux altercations sur le même sujet. Il me suffira aujourd'hui pour établir que si le respect de l'uniforme est entier en Allemagne, il laisse à ce point à désirer chez nous où les politiqueurs redoutent les glorieux, même morts, dont ils vont jusqu'à escamoter les cadavres — comme celui de Courbet qu'on a soustrait aux patriotiques démonstrations des Parisiens — qu'il est indispensable que dans les premières heures de mobilisation le général en chef ait pour très sérieux devoir de le rétablir coûte que coûte, même par les moyens les plus extrêmes. Ce sera pour la France une simple question de vie ou de mort.

Il ne manquera pas de gens alors, dans la presse et aux tribunes de barrière, qui chercheront à entraver l'action militaire; il faudra les fusiller sans pitié. Et, pour ne pas laisser aux hâbleurs de hasard le moyen de nuire, il faudra supprimer tous journaux politiques, les bons comme les autres. Il faudra pour la même raison repousser des états-majors tous correspondants. N'est-ce pas par une relation du *Times* que le général de Moltke a su la marche du maréchal de Mac-Mahon sur Sedan?

Il faudra, en un mot, que le seul pouvoir militaire fonctionne absolument et sans partage. Pour cela il sera indispensable que tous pouvoirs civils soient annihilés, depuis M. Grévy jusqu'au dernier conseiller municipal.

Etant données les idées de rébellion dans lesquelles certains députés et tribuns, qui détestent le soldat et qui se garderont bien de s'exposer jamais à un coup de fusil, cherchent à entretenir les masses qu'ils flattent pour en abuser (1), l'autorité militaire, une fois la guerre imminente,

---

(1) A preuve la récente interpellation du député Burdeau, au sujet des élèves de l'Ecole navale, dans la séance parlementaire du 20 janvier 1887. — Il en sera parlé à la fin comme aussi des discussions nouvelles soulevées dans la presse française par les derniers discours de M. de Bismarck au Reichstag.

ne saurait sur ce point se montrer trop rigoureuse : le mur, là où se rencontrera un peloton d'exécution ; la corde, là où il n'y aura que des arbres.

Tout vrai cœur français me comprendra sans que j'en dise plus long : ceci me permettra de finir en réglant un autre point aussi important — plus important peut-être.

*
* *

J'ai dit en commençant que parmi les moyens nouveaux à employer, il en est un qui viole le droit des gens. Je vais l'exposer.

Lors de la guerre de 1870 se trouvaient en France, vivant d'elle et de ses habitants qui leur avaient tendu la main et ouvert leurs maisons, soixante-dix mille Allemands environ.

Ils partirent..... Mais ils revinrent.

Ils revinrent dans les rangs de leur armée ; ce qui me permit d'assister à ce spectacle écœurant, à moi qui faisais alors le dangereux métier de voyager en correspondant entre les masses combattantes, de voir chaque fois qu'une troupe ennemie entrait dans un village ou une ville française un noyau de soldats casqués de tous corps, fantassins, cavaliers, artilleurs, etc., indiquant aux chefs les administrations, les magasins, les fabriques, les marchands, les habitants à imposer, etc., etc. C'étaient les Allemands qui avaient habité le pays et s'y étaient nourris de notre trop généreuse et aveugle hospitalité.

C'est tout simplement répugnant, pis que répugnant : c'est bête, et il ne faut pas que pareilles trahisons se reproduisent.

Je n'apprendrai rien à personne en disant qu'actuellement il y a en France plus d'Allemands que jamais, quatre-vingt mille disent ceux-ci, cent mille disent les autres. Certains quartiers de Paris, surtout les quartiers commerciaux, en sont complètement infestés.

Eh bien, il faut qu'en cas de simple menace de guerre aucun ne sorte de France. Il faut qu'au premier cri tous, hommes et femmes, soient internés. L'état-major allemand comptera d'autant moins de soldats parmi les jeunes, d'indicateurs parmi le reste, et la France tiendra à l'avance cent mille otages — n'est-ce pas M. de Bismarck qui, en 1870, a recommencé ce lâche moyen suranné des otages ?...

Mais, dira-t-on, il y a des Français en Allemagne....

Il y en a onze cents, un pour cent de ce qu'il y a d'Allemands parmi nous, la compensation est loin d'exister ; donc tant pis pour eux, qu'ils s'évadent comme chercheront à le faire les Allemands de chez nous.

* * *

Ceci dit, je finis cette manière d'avant-propos dont les buts principaux ont été de démontrer, que la guerre éclatant, il faut que seul règne despotiquement et sévèrement l'élément militaire et que pas un Allemand ne sorte de France.

Mais le droit des gens ? dira-t-on encore.

Il y a longtemps que M. de Bismarck lui-même a répondu à cette objection par sa célèbre phrase :

LA FORCE PRIME LE DROIT

Décembre 1886.

DEUXIÈME PARTIE

L'ART DE COMBATTRE

L'ARMÉE ALLEMANDE

Il nous est arrivé à tous de voir une éclatante et illustre artiste briller sur une grande scène où son talent attirait tous les regards et éveillait tous les désirs..... Survient alors un parvenu aux instincts vulgaires qui s'empare d'elle, l'arrache aux succès retentissants, la fait disparaître et, la tenant jalousement loin des vastes cœurs, rabaisse cette souveraine au rang avili de simple fille soumise.

Ainsi brillait naguère sur le grand théâtre européen la Victoire dont les yeux de feu n'avaient de regards que pour les vaillants...

Un jour surgit en Prusse un novateur, un habile, un malin, un soldat échappé des armées turques, un mercenaire venu du pays danois pour bientôt trahir son origine, un héros de cabinet, indifférent à l'enivrant cliquetis des sabres qui se heurtent et au chant meurtrier des obus sifflant la vie en apportant la mort, un mathématicien faisant les cadavres de loin, mécaniquement et sans bravoure; il surprit la Victoire, s'en empara perfidement et la mit simplement en harem comme la première esclave venue.

Depuis il l'y fait vivre de sa vie terre à terre et dépourvue des enivrantes folies guerrières; elle y végète bassement et le seul but de son geôlier est de l'y retenir toujours pour continuer à traiter cette poétique déesse en fille misérablement entretenue par un vieillard qui n'a jamais pu la satisfaire.

L'ART DE COMBATTRE
L'ARMÉE ALLEMANDE

—

I

L'Art de combattre l'armée française, par le prince Frédéric-Charles de
Prusse. — Les baïonnettes françaises. — Les armes à longue portée. —
La nouvelle manière de combattre. — Expérience à faire. — But de ce
travail.

Longtemps avant la guerre de 1870, parut une brochure,
qui fit grand bruit dans le monde militaire.

Elle était justement attribuée au prince Frédéric-Charles et traitait des moyens de combattre l'armée française.

Cette armée, toujours victorieuse alors, était considérée
dans le monde entier comme à peu près invincible. C'est
à ce point que celui qui devait en triompher quelques
années plus tard n'osait parler de la vaincre que d'une
plume loyalement timide. Entre les lignes tracées par
l'Altesse, le lecteur entrevoyait une appréhension persis-
tante en son esprit, appréhension qui à *l'heure actuelle*
doit y être encore tout entière, LA CRAINTE D'UNE LUTTE CORPS

A corps donnant beau jeu à ce que chacun connait sous le nom de *Furia francese* (1).

Le prince Frédéric-Charles sentait dans l'armée allemande tous les moyens de tenir tête aux Français, tous, sauf un seul : celui de résister à l'impétuosité de leurs attaques à l'arme blanche — et il ne trouvait rien dans les ressources tactiques d'alors qui pût être opposé à cette *furia*.

Il déplorait son impuissance lorsque surgirent les armes à longue portée permettant de faire la guerre et d'être victorieux de loin.

Ces progrès d'artillerie sont postérieurs à l'écrit du prince qui s'est tu depuis et qui, dans sa gloire d'aujourd'hui, doit regretter d'avoir montré un jour qu'il n'osait jeter que l'œil du renard sur ces turbulentes grappes humaines formant l'armée française.

Et pourtant, après les avoir redoutées, il les a anéanties; il n'en doit être que plus orgueilleux.

Cette guerre, où la première armée du monde fut si complètement battue, a naturellement arraché des mains du vaincu le sceptre de la priorité qui, dans l'esprit des masses, appartient forcément au vainqueur.

On savait pourtant que deux choses d'une importance capitale avaient contribué au succès des armes allemandes :

La première, toute brutale, est que dès le début elles combattirent trois contre un;

La seconde, qu'elles marchèrent ensuite sur un peuple

---

(1) L'auteur croit devoir rappeler encore qu'en 1876, quand ont été écrites ces lignes, le prince Frédéric-Charles n'avait pas trépassé.

désorganisé par une révolution préparée de longue main, grâce aux agents de l'Internationale.

Mais les masses ne s'arrêtent pas à réfléchir ; les faits accomplis leur suffisent ; et, dès lors, ce fut l'armée allemande qui, au lieu et place de l'armée française, prit le nom d'invincible.

*
* *

Ainsi qu'il est constant, l'invention des armes à longue portée a complètement modifié la guerre ; le présent travail ne saurait être, par ce motif, une réfutation des idées du prince ; c'est une œuvre entièrement neuve qui ne s'appuie que sur la nouvelle manière de guerroyer inventée par M. de Moltke, *manière dont on n'a pas encore pu juger l'efficacité d'une façon absolue.*

Cette phrase étonnera peut-être le lecteur ; que dira-t-il après cette autre :

M. de Moltke lui-même ne sait pas encore ce qu'il est en droit d'attendre de la tactique nouvelle.

En effet, pour porter sur la puissance d'une armée un jugement sûr, il faut l'avoir vue combattre un adversaire usant de moyens de guerre égaux. — Sans pousser la comparaison jusqu'à dire que les vaillantes légions de César, dépourvues d'armes à feu, feraient triste figure devant un régiment moderne, nous pouvons affirmer que cent mille hommes de 1810 commandés par Napoléon Ier en personne, mais avec les armes et les canons de l'époque, seraient probablement battus par cinquante mille hommes de n'importe quelle armée européenne d'aujourd'hui commandés par le premier général venu.

On ne saura donc réellement si l'armée allemande mérite le nom d'invincible qu'après qu'elle 'aura triomphé de forces qui lui auront opposé à elle-même ses moyens nouveaux auxquels elle doit ses dernières victoires.

Le général de Moltke a inauguré contre nous, qui nous battions en plein soleil, la guerre où les ennemis ne se voient pas. Jusqu'alors les Français, poitrine découverte, allaient impétueusement chercher la victoire dans les rangs ennemis ; à ces redoutables élans les Prussiens ont su opposer triomphalement la tactique des armées invisibles qui attendent au loin que la victoire se traîne automatiquement jusqu'à elles.

Cette guerre, le grand stratégiste allemand est seul à l'avoir faite comme, avant 1870, les Français étaient seuls à rechercher les combats corps à corps si irritants à l'esprit du prince Frédéric-Charles.

Les Allemands, ainsi que l'a prouvé la dernière campagne, ont pu se soustraire à l'ardeur des troupes françaises qu'ils ont su tenir toujours loin d'eux par l'emploi de nouveaux moyens de guerre ; à d'autres de trouver la tactique à opposer aux innovations allemandes qui jusqu'à ce jour n'ont pas encore été combattues comme elles doivent l'être.

***

Pour cette raison on peut dire que l'auteur du présent opuscule se trouve, eu égard à l'armée allemande, dans les mêmes conditions que le prince Frédéric-Charles alors que, dans sa brochure, Son Altesse cherchait des procédés — c'est le mot — propres à combattre l'armée française.

C'est pour cela aussi qu'il ne faut pas voir dans les présentes pages une inutile fanfaronnade, bonne tout au plus à irriter gratuitement le chatouilleux épiderme des vainqueurs de 1870.

Ce travail dont l'unique but est de trouver les moyens de vaincre ceux qui ont vaincu tout le monde — comme les Français avant 1870 — ne vise pas une armée plutôt qu'une autre ; il cherche simplement les défauts de cuirasse par lesquels des forces quelconques : anglaises, autrichiennes, russes, italiennes, etc., pourraient entamer ce qu'il est convenu d'appeler aujourd'hui le colosse allemand.

*
* *

Il va sans dire que cette armée quelconque à opposer aux Allemands, il faut la supposer complètement préparée à la guerre ; il faut admettre, au total, que tous les moyens auxiliaires, intendance, train, télégraphes, chemins de fer, ponts, ambulances, fonctionnent également bien des deux côtés et que l'armement et le nombre sont sensiblement équivalents.

Cette hypothèse ne saurait être gratuite. Un gouvernement qui n'aurait pas fait tous ses efforts pour se trouver prêt à l'heure voulue serait coupable du crime de lèse-nation.

On est donc en droit de supposer que, autant que les

Allemands, l'armée ennemie est parfaitement outillée du côté de tous les services accessoires.

Ceci bien établi, cherchons les principes de *l'art de combattre l'armée allemande.*

Les principes de M. de Moltke. — Exclusion de la bravoure personnelle
comme force de combat. — La cavalerie allemande.

Nous avons d'abord à établir les nouvelles ressources
tactiques mises en œuvre par M. de Moltke.

Ces ressources sont surtout :

L'espionnage du coté allemand ;

Et chez l'ennemi, *l'annihilation des effets à redouter de la
valeur personnelle de ses soldats.*

En une phrase :

Savoir tout ce qui se passe chez l'ennemi et toujours
échapper a ses baionnettes.

*
* *

L'espionnage n'est pas une arme matérielle de guerre ;
malgré cela il devra en être parlé longuement désormais
par les écrivains militaires, à cause de l'extension donnée
par les Allemands à ce moyen auquel jamais avant eux,
depuis qu'existent les armées, aucun officier n'avait voulu
se prêter personnellement.

Cette innovation est toute germanique, et M. de Moltke
peut être certain que jamais dans l'avenir aucun général
ne lui revendiquera la priorité de son emploi. — Ce sera
bien assez d'être forcé de le suivre sur ce répugnant ter-

rain où se perd la dignité de l'épaulette. — Il en sera traité plus loin.

Occupons-nous d'abord de l'autre innovation apportée dans la tactique par le lieutenant de l'empereur Guillaume : *l'annihilation chez l'ennemi des ressources basées sur la valeur personnelle de ses soldats*, et cherchons les moyens d'en détruire les effets.

Pour que la valeur personnelle qui agit surtout dans les attaques à la baïonnette, c'est-à-dire dans les combats corps à corps, ne puisse être mise en jeu, il faut que l'Allemand empêche son ennemi d'approcher. — IL FAUT DONC QU'AU CONTRAIRE CET ENNEMI CHERCHE A ARRIVER JUSQUE SUR LES LIGNES PRUSSIENNES.

Tel est le premier principe, et peut-être le seul grand principe, de combattre l'armée allemande sur le terrain.

Cette préoccupation continuelle d'échapper au contact de l'adversaire n'est-elle pas, en effet, le tacite aveu d'une infériorité de valeur personnelle ?

Cette infériorité n'existât-elle pas d'ailleurs que l'habitude prise par les troupes de M. de Moltke de ne jamais voir ni toucher l'ennemi peut leur devenir funeste ; l'apparition subite d'assaillants inattendus ne manquerait pas de jeter la démoralisation dans ses rangs.

Or, pour approcher d'une armée, maintenant surtout que les masses peuvent se tâter par le canon à cinq, six et même sept kilomètres et plus, il faut tout d'abord raccourcir la distance à laquelle l'Allemand cherche à tenir normalement son adversaire avant l'action. Il faut combattre les moyens qu'il emploie dans ce but.

Ces moyens lui sont donnés par sa cavalerie d'avant-

garde qui dans cette fonction rend d'autres services utiles
à indiquer en même temps:

. Ce n'est qu'en connaissant tout le parti que les vainqueurs de 1870 savent tirer d'un élément de guerre important qu'on pourra efficacement le combattre. Ce n'est
qu'en connaissant à fond le rôle donné à sa cavalerie
d'avant-garde qui sait si bien le tenir loin de l'ennemi
qu'on pourra chercher à répondre à cette cavalerie, à l'an-
nihiler, à l'anéantir même et, finalement, à approcher
l'Allemand à la baïonnette. — Voyons donc tout l'emploi
que M. de Moltke fait de sa cavalerie d'avant-postes.

La mobilisation allemande. — Tactique des éclaireurs. — Effets moraux. — Situation réciproque des avant-postes entre les deux armées. — Première condition que doit remplir une armée combattant les forces allemandes.

Pour traiter ce point si important d'une façon complète, et pour bien comprendre les choses, prenons-les au début.

Par leur grande rapidité de mobilisation, les masses allemandes, on peut l'affirmer, seront réunies le jour même de la rupture des négociations diplomatiques — et peut-être avant. Une guerre ne se déclare pas du jour au lendemain et si vite que se brouillent les choses il s'écoule toujours huit à quinze jours qui suffisent amplement aux troupes de M. de Moltke pour compléter leurs effectifs.

Ce qu'ils veulent fermement c'est être prêts les premiers.

Être prêt le premier est chose d'importance capitale ; le résultat de toute une guerre peut dépendre de cet avantage. — Le premier prêt peut prendre l'offensive — ce qui est toujours d'un grand effet moral, surtout au commencement des opérations.

C'est pour cela que, dans leur mobilisation, les Allemands autant que possible s'occupent de leur cavalerie qui se jette immédiatement sur le territoire ennemi et se montre exigeante, — cruelle même (le soldat ne s'arrête pas aux nuances). Plus elle se fera redouter plus le coup moral sera grand. Les paysans se sauveront vers l'intérieur semant la terreur sur leur passage jusqu'à ce qu'ils arrivent aux troupes à qui ces fuyards grossiront les faits pour ne pas être taxés de couardise.

* *
*

Cependant rien de semblable ne se présentera du côté allemand; le pays ne sera pas envahi et les troupes pourront en toute sécurité compléter leur organisation, même en marchant. Dans les bataillons rapidement mis sur le pied de guerre les contingents rappelés se fondront avec le noyau permanent et chaque homme s'habituera à ses voisins après avoir pris définitivement sa place dans le rang.

Pendant ce temps les nouvelles apportées dans le pays envahi par les fuyards de la campagne y sèmeront au contraire une terreur que les officiers seront impuissants à étouffer complètement; et c'est dans l'inquiétude que s'achèveront les dispositions définitives, presque sous les regards de l'assaillant dont la cavalerie accourue la première aura pu marcher jusqu'à quelques kilomètres de son ennemi.

* *
*

Ces incommensurables avantages, dus à sa seule cavalerie, M. de Moltke a su les prendre dans la campagne de France ; il cherchera toujours à se les assurer car dès lors sa situation avantageuse sera celle-ci :

Les armées en présence et se disposant à la première rencontre occupent chacune des lignes dont l'extrême est marquée par les avant-gardes.

Entre ces deux lignes ennemies d'avant-gardes agissent les cavaleries des deux armées. Seulement, — dans la supposition que les masses sont encore à cinquante kilomètres l'une de l'autre — la ligne de contact des cavaliers éclaireurs des deux armées sera à quarante kilomètres des Allemands accourus les premiers et à dix kilomètres tout au plus de leur ennemi.

Celui-ci aura donc les mouvements gênés pour marcher, s'étendre et prendre ses dispositions, et le moindre avantage d'avant-postes — avantage même insignifiant — remporté par les Allemands, repoussera les éclaireurs ennemis jusque sur les lignes de leur armée qui sera atteinte dans son moral.

Que la cavalerie allemande soit repoussée au contraire, peu importe ; elle a du terrain derrière elle ; elle a trente kilomètres de plus que son ennemi ; elle y peut manœuvrer et s'y reformer sans que personne en sache rien. Et puis, s'il faut reculer encore, son armée qu'elle couvre a tout le temps de choisir un autre emplacement plus favorable et de trouver des positions avantageuses pour forcer l'ennemi de combattre sur le terrain de son choix.

* * *

Il faut noter qu'à ce moment les opérations n'ont pas encore commencé, qu'il se peut qu'aucun coup de feu n'ait retenti ; qu'à peine quelques coups de sabre ont été échangés par les éclaireurs et que, pourtant grâce à sa cavalerie, l'armée allemande est intacte sous tous les rapports tandis que l'adversaire a déjà été entravé dans ses dispositions et se sent entamé dans son moral.

** **

Les Allemands savent tellement l'importance du rôle de la cavalerie que nulle armée, sauf l'armée russe, n'en a de plus nombreuse. Cette cavalerie peut donc répondre aussi à l'éventualité de la mobilisation égale en rapidité chez l'ennemi parce qu'alors c'est par le nombre qu'elle garde chance de gagner du terrain.

Concluons maintenant sur cette question partielle de la cavalerie :

Etant donné, ce qui est vrai, que les Allemands sont parvenus au *nec plus ultra* de célérité dans la mobilisation, la première condition que doit remplir une armée ennemie est d'être arrivée au même résultat. Il faut aussi que sa cavalerie soit aussi bien montée que la cavalerie allemande et au moins égale en nombre. — Dans ces conditions seulement elle pourra arrêter à la frontière les éclaireurs allemands, empêcher leurs exactions chez l'habitant et la terreur qui en est la conséquence directe ; en un mot, elle est en mesure de tenir égales les chances de chacun avant la première bataille, — conditions hors desquelles il est impossible d'atteindre le but que nous visons : *Prendre l'Allemand corps à corps pour le vaincre presque sûrement.*

IV

Aspect des champs de bataille. — Terrain toujours connu des Allemands. — Points fortifiés. — Importance d'un premier avantage. — Raisons morales.

Abordons maintenant le moment où les deux armées se sont suffisamment avancées l'une vers l'autre pour que l'action soit imminente ; le rôle de la cavalerie cesse momentanément ; elle se retire derrière ceux qui vont combattre le grand combat.

Voici l'aspect que présente le champ de bataille : Rien d'apparent au regard ; mais des soldats derrière chaque arbre, des batteries derrière les buissons, des bataillons dans chaque pli de terrain et les deux armées à cinq kilomètres environ l'une de l'autre.

Il ne faut pas perdre de vue qu'à ce moment, il y a cent probabilités pour une que les Allemands ont encore sur leur ennemi l'avantage de la connaissance complète du terrain et de ses ressources topographiques ou autres. Les recherches et les études secrètes auxquelles seuls ils se sont livrés depuis longtemps font qu'ils opéreront toujours sur un champ de bataille connu, quel que soit le point de l'Europe où ils portent leurs armées. Par cette raison, l'adversaire devra soigneusement surveiller ses ailes et dans certains cas les fortifier car, sans aucun doute, l'Allemand tentera de les tourner ; dût-il pour cela faire un chemin considérable, comme à Sedan.

*_*_*

Il vient d'être dit qu'il fallait au besoin fortifier ses ailes le mot fortifier n'est pas trop gros, et d'autres points que les extrémités des lignes devront être munis d'ouvrages.

Qu'arrivera-t-il, en effet, dans l'hypothèse présente où il est admis que, sans désavantage pour aucun des belligérants, c'est-à-dire sans que la cavalerie de l'un ait pu entamer les éclaireurs de l'autre, les deux armées se trouvent arrivées à portée de canon ?

Suivant les principes nouveaux aucun des généraux en chef n'engagera ses masses à découvert; ce serait de gaîté de cœur les sacrifier sans profit. Dès lors les positions ne pourront être régulièrement conquises qu'après un vrai siége et c'est aux vieux principes d'attaque qu'il faut demander les règles nouvelles. — Ceci soit dit pour les troupes qui ne chercheraient pas à s'approcher rapidement; ce n'est pas le cas qui nous occupe.

Il est important, en effet, de ne pas perdre de vue — redisons-le encore — que le but sérieux que nous cherchons à atteindre est d'arriver sur l'Allemand pour le prendre corps à corps, quand ce ne serait que pour cette raison que *tous* leurs écrits militaires recommandent d'éviter ce genre de combat.

Mais il est d'autres causes qui doivent faire désirer qu'une ligne allemande soit forcée sans retard.

Ces causes sortent du domaine purement militaire. Il faut les exposer pourtant parce qu'aujourd'hui les conditions générales ne sont plus les mêmes qu'au moment où le prince Frédéric-Charles écrivait son mémoire.

En effet, à cette époque, on en était encore à ce que les armées *seules* se fissent la guerre, tandis qu'aujourd'hui la guerre se fait entre les nations *tout entières*.

Ces conditions nouvelles, nées du service obligatoire pour tous, ont forcément modifié et développé les moyens mis en œuvre, car ce ne sont pas seulement les troupes ennemies qu'un gouvernement devra viser, c'est toute la population de l'adversaire. En un mot il faudra combattre moralement tout autant que par le canon.

Nous ne disons rien, du reste, qui soit nouveau, et, cette fois encore, nous donnons un principe dont tout l'honneur revient aux Allemands qui ont fomenté à la fois le 4 septembre par les turpitudes de l'Internationale dont les meneurs lui appartenaient et la Commune dont ils ont protégé les chefs.

Ceci posé, examinons les avantages exceptionnels qu'un ennemi trouverait certainement dans la nation allemande elle-même si, ayant forcé ses premières lignes, il s'avançait sur le territoire; ils établiront ces causes sortant du domaine purement militaire et qui doivent fortement faire désirer un premier succès si mince qu'il soit.

V

Nous avons parlé de la terreur que les éclaireurs de M. de Moltke, prenant l'avance, jettent dans le pays ennemi ; cette terreur deviendrait de la folie dans les contrées allemandes le jour où l'on y apprendrait que des soldats étrangers ont franchi la frontière.

Il n'est pas, on le sait, un seul village prussien ou allemand qui ne compte parmi ses habitants plusieurs soldats des anciennes armées envahissantes du Danemark, de l'Autriche et de la France ; ils ont dû raconter, en les exagérant par vantardise, les horreurs auxquelles ils se sont livrés ; ils se sont plu certainement à répéter cent fois les moindres détails sur les incendies et les pendaisons ou les fusillades ordonnées par leurs chefs. Les gens des campagnes mesureront à ces dires le péril qui les menace ; et, tandis qu'en France, en Autriche et en Danemark les populations ne voyaient arriver qu'un ennemi, les Allemands sentiront instinctivement l'approche d'un vengeur.

On peut affirmer que leur effroi sera sans bornes. Le général assez habile pour rompre la première ligne pourra presque sûrement changer la défaite en déroute si, sans perdre une seconde, il marche de l'avant quels que soient les sacrifices que coûterait cette résolution.

C'est surtout pour faire face à cette inappréciable éventualité d'où peut sortir l'anéantissement entier de la puissance allemande qu'il faut que les soldats aient toujours dans leurs sacs et condensés en le plus petit volume possible plusieurs journées de vivres.

*
* *

Ce n'est pas exagérer les choses que de dire qu'une seule victoire dont on saurait tirer profit pourait amener l'anéantissement complet du grand édifice de guerre si patiemment et si longuement établi par M. de Moltke et ses prédécesseurs.

En 1870, les premières victoires allemandes ont apporté en France la terreur et la révolution. Elles ont livré le pays, pieds et poings liés, à l'envahisseur grâce aux agissements occultes de l'Internationale et à la complicité des fantoches inconscients ou traitres à la patrie dont des mains allemandes tenaient les fils.

Voyant s'avancer l'ennemi les Allemands, affolés de terreur, perdraient d'un seul coup la grande confiance qu'ils ont dans leurs soldats et, se réfugiant dans les bras des chefs socialistes qui les sollicitent sans relâche, on verrait se répéter en Allemagne la trahison du 4 Septembre. Le dénouement serait peut-être plus rapide qu'il ne l'a été chez nous.

Or l'Allemagne, vaincue par un ennemi qui l'aurait battue par les moyens de guerre qu'elle a appliqués elle-même, se verrait forcément soumise aux mêmes conditions

de rançon et d'occupation qu'elle a mises en pratique. —
Où trouverait-elle l'argent ?

L'occupation se perpétuerait donc, et quand le vainqueur se retirerait il ne laisserait derrière lui qu'un pays
misérable, endetté pour un siècle et sans un sou pour
acheter les canons, les chevaux, les fusils destinés à
remplacer ceux qu'on lui aurait enlevés. Ce serait un
anéantissement sans espoir.

*
* *

A force de patience, d'économie et de travail, l'Allemagne pauvre, dont personne ne se méfiait, est parvenue à
édifier une armée en faisant de cette armée la vraie nation
— car tous les Allemands appartiennent à l'armée.

Une fois ce problème résolu l'Allemagne n'avait plus
que des avantages sur les puissances voisines qu'elle pouvait être appelée à combattre, sur l'opulente France surtout.

N'a-t-elle pas rencontré chez nous, presque à chaque
kilomètre, un village où il y avait des vivres, des provisions et de l'argent ?

Après la guerre n'a-t-elle pas forcé la France à payer
quinze francs par jour à tous les officiers de l'armée d'occupation, depuis le plus haut gradé jusqu'au lieutenant
dont la solde se trouvait ainsi quadruplée ?

C'était le beau temps pour ces pauvres militaires qui
n'avaient jamais eu que le nécessaire tout juste et qui, de
retour au logis, ont forcément senti les privations plus
lourdes.

Que trouveraient les envahisseurs de l'Allemagne ?

Rien ; ni provisions, ni argent. — Et les occupants, en attendant longuement le paiement de la rançon de guerre, auraient tout lieu de croire qu'ils subissent une punition tandis que chez nous les Allemands goûtaient leurs plus beaux jours.

Moralement donc la partie n'est pas égale, car seule l'Allemagne peut tirer profit matériel d'une guerre.

Le lecteur comprendra — maintenant qu'il a lu ce chapitre — que l'auteur ne pouvait manquer de toucher du doigt à toutes ces choses qu'il avait indiquées sous le nom de « raisons morales » ; c'est à elles certainement que faisait allusion M. de Bismarck quand il prononça les fameux mots de « *moment psychologique* ».

VI

Maintenant que l'importance exceptionnelle d'un premier avantage, non seulement sur la troupe mais encore sur la nation allemande, est suffisamment démontrée, revenons aux armées en présence, bien établies sur leurs positions, et tâchons de résoudre le problème consistant à approcher l'armée allemande.

L'armée européenne qui se trouvera vis-à-vis d'une armée allemande doit être bien convaincue qu'elle a devant elle une masse solidement compacte, un tout dont chaque pièce est intelligemment reliée à ses voisines qui sont entre elles en communication constante.

Il faut encore que tous les officiers et les sous-officiers se pénètrent bien de cette vérité tant éprouvée dans la dernière guerre, à savoir que les Allemands chercheront par tous les moyens possibles à connaitre la position de leur adversaire et sa force en chaque point. Depuis que les Allemands ont commencé leur carrière de triomphes, ils ne se sont pas une seule fois engagés sans avoir sur l'ennemi les détails les plus complets. *Dans ces conditions, les batailles demeurent au rang de grandes manœuvres et*

le jour où un chef allemand devra agir sans renseignements il se trouvera dans la situation d'un homme devenu
subitement aveugle.

***

Il faut qu'il en soit ainsi par la répression de l'espionnage dont il sera traité bientôt.

L'Allemand non habitué à agir dans l'ignorance des
forces et des positions de l'ennemi sera sans initiative ;
il n'attaquera pas ; et comme il est impossible qu'une
armée en rase campagne demeure immobile il changera
de place. Il se portera à droite ou à gauche, cherchant toujours à faire entrer dans les lignes à combattre des
espions auxquels l'adversaire devra faire une chasse in-
cessante et sans merci.

Ces déplacements qui prolongent le *statu quo* tournent
encore à l'avantage de l'Allemand dont le soldat, accou-
tumé à ne voir l'adversaire qu'exceptionnellement, n'est
pas surexcité par le désir fébrile qui agitera naturellement et fatiguera le soldat ennemi non habitué à la tactique nouvelle de l'invisible et par cela impatient de voir,
de tâter cet adversaire. C'est pour ce motif que, les deux
armées arrivées en présence, il faudra que l'Allemand
soit approché le plus tôt possible et surpris autant que
faire se pourra.

Cette impérieuse nécessité à laquelle il est impossible
de répondre parfaitement en plein jour où l'assaillant
serait vu et mitraillé *commande forcément les attaques
nocturnes*.

Ces attaques comptent parmi les choses les plus difficiles de la tactique ; aussi devra-t-on y rompre les troupes de longue main quand ce ne serait que par la raison que le prince Frédéric-Charles — si attentif à échapper à la *furia francese* — laisse deviner qu'il en a souci.

Voici, en effet, ce que S. A. écrit dans le mémoire :

« *Il me reste à dire en passant que les attaques de nuit ne sont pas l'affaire des Français. Ils paraissent les craindre parce que de nuit leur désordre habituel dégénère facilement en dissolution complète.* »

Or ce désordre est bien plus à craindre dans l'armée allemande où le soldat, habitué dans l'action à sentir toujours peser sur lui l'œil sévère de son chef, manquera de ce stimulant dans les ténèbres. Tout autre soldat auquel ses chefs laissent quelque initiative, qui est moins machine que l'Allemand — ou plus *débrouillard* pour se servir de l'expression consacrée — aura sur lui une incontestable supériorité.

Ce n'est pas à dire que le désordre ne soit pas à redouter. Non. Aussi faut-il prendre toutes les précautions possibles afin que ces opérations qui doivent forcément être suivies d'une action décisive, l'attaque, ne soient tentées qu'à la fin de la nuit pour que le jour vienne bientôt permettre de tirer parti des avantages obtenus.

Chacun sait combien les soldats allemands et leurs chefs redoutaient les francs-tireurs qu'ils fusillaient sans pitié. Personne n'a oublié que la première chose demandée dans les conditions de l'armistice de janvier par

M. de Moltke a été la suppression de ces compagnies attaquant surtout de nuit et un peu au hasard, ce qui déroutait la mathématique prudente des gens qui n'agissaient jamais que sur rapports d'espions. *On est donc en droit de conclure que des troupes organisées, agissant comme le faisaient ces partisans redoutés, sèmeraient l'effroi dans les lignes allemandes.*

Ces corps d'élite sont indispensables à tout général qui aura à combattre la science de M. de Moltke; il faudra qu'ils entrent en action dès le début de la campagne et qu'ils suivent au plus près les éclaireurs à cheval. Ils attaqueront de divers côtés à la fois, à la baïonnette le plus souvent possible, et jetteront ainsi le trouble dans les rangs de l'Allemand qui ne saura jamais le point réellement menacé dans ses lignes.

Les positions surprises devront être sérieusement occupées immédiatement de façon qu'au lever du soleil on puisse s'en servir comme points d'appui pour marcher en avant.

* * *

Si la tentative était repoussée les assaillants se retireront par des chemins déterminés à l'avance et que respectera l'artillerie mitraillant d'autre part le Prussien sorti de ses retranchements à la poursuite des partisans en retraite.

En cas d'avantage il faudrait avoir soin de ne pas se départir du principe mis en pratique par les uhlans qui ne quittent plus les talons de l'ennemi atteint : le devoir serait de poursuivre l'Allemand l'épée dans les reins sans trêve ni repos.

Ces attaques de nuit — répétons-le-encore — sont très difficiles, en raison de la distance relativement très grande qui sépare deux armées. Il faudra arriver par surprise jusqu'à la première ligne d'avant-postes ; puis, l'ayant traversée, gagner la seconde à toute vitesse. Divers moyens ont été expérimentés dans ce but. Le meilleur paraît consister dans l'emploi de cavaliers enlevant à droite et à gauche un fantassin accroché à la selle et courant à pas de géant. Un peloton de quinze cavaliers conduit par un officier et entraînant trente tirailleurs peut faire rapidement d'excellente besogne. — Certains officiers, en Afrique, ont exercé leurs troupes à ce mode d'attaque auquel se plie particulièrement la nature souple des turcos qui savent aussi surprendre très adroitement un ennemi en rampant. Ces moyens et bien d'autres, sont à appliquer dans toutes les ressources qu'ils présentent (1).

*
* *

Arrivé à ce point du présent travail le lecteur nous accordera comme vérités absolues :

1° Que l'armée allemande, qui par son organisation et sa manière d'agir cherche à inutiliser la bravoure de l'adversaire, doit surtout être battue par la valeur personnelle des soldats ennemis qui pour l'exercer devront arriver jusqu'à elle ;

2° Qu'on ne peut espérer approcher sérieusement et impunément un ennemi que de nuit ;

---

(1) Ils ont été mis en pratique depuis le moment où l'auteur désirait publier la présente étude écrite en 1876.

3° Que le soldat allemand dans les ténèbres, échappant aux yeux de ses chefs qui sont à vrai dire sa force exclusive, est sensiblement amoindri.

* * *

Ceci posé, nous pourrions dès à présent résumer ce qui précède en des principes absolus constituant *l'Art de combattre l'armée allemande*, s'il ne nous restait un très important sujet auxiliaire à traiter. Il fera l'objet des deux chapitres suivants.

VII

L'espionnage allemand ! — Notes publiées dans le *Figaro* par l'auteur, à son retour des grandes manœuvres allemandes de 1876. — Nécessité pour toute nation de créer un correctif.

Nous avons dit au commencement de ce travail, en parlant des nouvelles ressources tactiques mises en œuvre par M. de Moltke :

« Ces ressources sont surtout l'espionnage, etc. »

Et plus bas :

« L'espionnage n'est pas une arme matérielle de guerre. Malgré cela il devra en être parlé longuement désormais par les écrivains militaires à cause de l'extension donnée par les Allemands à ce moyen, etc. Il en sera traité plus loin. »

Le moment est venu pour nous de répondre à cette obligation.

Déjà d'ailleurs, dans le *Figaro* du 25 septembre 1876, le sujet a été abordé dans un article rapprochant les uns des autres les moyens de guerre actuels des Français et des Allemands. Cet article, publié au retour des manœuvres allemandes en Saxe et françaises à Dreux auxquelles nous venions d'assister, expose les choses à un point de vue qui n'a varié en rien dans notre esprit. Nous ne pouvons donc mieux faire que de répéter ici ce qu'on va lire :

« Tous les services de l'armée allemande marchent avec cette précision qui m'avait tant surpris la première fois qu'il me fut donné de la voir de près. C'était en 1858 ; et telle je l'ai admirée alors, telle je la retrouve aujourd'hui. C'est un outil excellent.

« A part les modifications apportées par le perfectionnement des armes, elle n'a pas changé d'une ligne ; elle n'a rien perdu ; mais elle n'a rien gagné non plus, — ce qui veut dire que depuis longtemps elle est arrivée aux dernières limites de la perfection *que peut atteindre l'incomplète nature guerrière des Allemands.*

« Après avoir parlé de toutes les forces morales et matérielles qui concourent à la solidité et à la puissance d'une armée, il me reste à aborder le sujet délicat des forces exceptionnelles mises en œuvre aujourd'hui bien que n'appartenant en rien à l'art militaire proprement dit ; ces forces, que je pourrais nommer les *forces occultes,* échappent à l'étude. L'observation et les faits accomplis en dénoncent seuls l'existence ; et, quant à leur point de concours, quant à leurs moyens vitaux, je laisse au lecteur le soin de les deviner. Avant cela je m'arrêterai un moment à parler du grand état-major de M. de Moltke.

« Puisque tout à l'heure j'ai comparé l'armée à un outil, je ne peux mieux comparer le champ où elle est appelée à opérer — l'Europe — qu'à la matière à travailler. Cette matière, l'ouvrier en question — le grand état-major — la possède entièrement depuis la première des villes jusqu'à la dernière des bourgades.

« D'Arkangel à Gibraltar et de Dublin à Constantinople il n'est pas un village dont les ressources ne soient enregistrées à son rang alphabétique avec les noms des notables, la fortune de chacun, enfin le chiffre de la somme totale d'argent à prendre dans la localité.

« Donc l'outil est bon et l'ouvrier sait la matière à débiter ; reste la question de résistance : l'outil étranger, l'armée ennemie.

« Le but à atteindre est d'en trouver le point faible pour s'y présenter trois contre un et ramasser une victoire qui démoralisera le reste.

« L'espionnage apporte les moyens certains d'arriver à ces résultats.

« L'espionnage est la principale des forces occultes.

« Il n'est pas un pays qui puisse mieux espionner que l'Allemagne. Ses habitants mourant de faim chez eux s'expatrient et se répandent sur le monde entier ; le réseau d'information s'établit ainsi de lui-même et les fonds secrets font le reste.

« Donc à l'heure où se déclare la guerre, contre une nation l'Allemagne connaît en toutes choses la situation exacte de l'ennemi ; lui manquât-il le moindre des renseignements d'ailleurs que ses nationaux revenant au pays (si on leur en laisse la latitude) y apporteraient le complément d'informations.

« Dès que commencent les opérations, et par la grande rapidité de sa mobilisation, l'Allemagne inonde le territoire ennemi de uhlans ; ces éclaireurs ne s'arrêtent qu'à l'adversaire et à partir de ce moment ne le quittent plus des yeux.

« La simple ligne dessinée par les vedettes suffit pour établir la situation extérieure des troupes à combattre. Les espions laissés à l'intérieur donnent la profondeur des masses. Après cela le point faible est tout désigné.

« Aucun ennemi de l'Allemagne n'aurait les facilités réciproques ; car personne ne va chercher sa vie dans ce pauvre pays où même en temps de paix un étranger, quelle que soit sa nationalité, provoque un légitime étonnement.

« Ces rouages d'informations occultes viennent compléter l'ensemble et font actuellement de l'armée allemande, marchant à coup sûr et avec de grandes masses, un adversaire ayant des atouts plein les mains.

« Mais plusieurs de ces belles cartes peuvent lui être facilement disputées.

« On peut, *si on le veut bien*, en temps de guerre surtout, supprimer l'espionnage par des moyens sur lesquels je n'ai pas à m'étendre (1). — Essayez donc de l'espionnage avec les Allemands, et vous verrez le temps que cela durera.

« Dès lors, que feront les mathématiciens allemands ; que fera M. de Moltke lui-même qui, après Sedan, dans la France sans armée, marchait avec la même régularité que s'il avait eu un million d'hommes devant lui ?

« Habitué à cette allure, il lui était impossible d'accélérer sa marche, impossible aussi de risquer un coup d'audace.

« Il n'est aucun soldat qui ne soit convaincu que le jour même de Châtillon des troupes quelconques commandées par un général hardi ne fussent entrées dans Paris et sans risque. Ce n'était pas dans le programme prudent du grand état-major. Or les généraux trop prudents manquent d'audace, et qui n'a pas d'audace manque de

---

(1) Une loi nouvelle a été votée par les Chambres en 1886.

cette inspiration indispensable quand on opère dans le vide, quand on ignore la situation de l'ennemi.

« L'information supprimée, les généraux allemands se trouveraient dans le cas du joueur d'échecs qui ne voit pas le jeu de son adversaire; cela trouble quand on n'en a pas l'habitude; c'est ce qui m'autorise, je crois, à pouvoir affirmer que ce moyen manquant aux Allemands pour la première fois il ne resterait plus d'eux qu'un ennemi riche il est vrai des qualités maîtresses d'art et de science pouvant être acquises par chacun, mais totalement dépourvu des dons exceptionnels de bravoure exagérée, de témérité excessive, de folie si on veut, auxquels nous devons des siècles de succès et de gloire.

« Cet espionnage, impossible à empêcher en temps de paix, doit absolument être extirpé en temps de guerre. Pour cela il faudrait la création immédiate d'une préfecture de police militaire ; le grand état-major allemand n'est pas autre chose.

« Cela s'appellerait *Grand état-major*, *Grande prévôté permanente*, *Préfecture militaire*, peu importe. Sa mission en temps de paix serait de réunir tous les renseignements sur l'étranger comme ils sont si précieusement recueillis à Berlin et, en temps de guerre, de répandre aux avant-postes des agents adroits faisant aux espions une chasse sans merci.

« La grande extension donnée à ce moyen de guerre, l'espionnage, fera que toutes les nations s'en serviront; dès lors il nous est indispensable de créer le correctif. »

Ainsi parlions-nous, dans le *Figaro* du 25 septembre 1876

ct, l'espionnage devant être admis comme moyen de guerre à cause des immenses services qu'il a rendus, il faut — répétons-le — trouver son correctif.

Dans ce qui suit nous ne traiterons que du cas particulier de l'espionnage en France parce que c'est le seul que nous ayons vu *et que nous voyions encore fonctionner chaque jour.* Il est à supposer que les mêmes procédés sont employés ailleurs ; nos observations peuvent donc être utiles à tout le monde.

Ceci dit, continuons.

VIII

Pour combattre efficacement une chose, la première condition est de la bien connaître. Nous avons donc approfondi l'étude des moyens d'espionnage employés chez nous par les Allemands.

Le premier, tout élémentaire, est à la portée de chacun ; il suffit de se procurer l'almanach du commerce, vulgairement appelé le *Bottin* ; on y trouve, en effet, classés par commune les noms de tous les notables et l'indication de tous les châteaux.

Muni de ces premières données, un agent peut les compléter facilement en parcourant franchement les localités qui sont ouvertes à tout venant quelle que soit sa nationalité. — Il faut dire, en passant, que les espions ne sont pas nécessairement allemands ; des gens de tous pays peuvent faire de l'espionnage une profession lucrative. Rien ne s'oppose, en effet, à ce qu'un Suisse par exemple espionne pour le compte de l'Autriche, comme un Allemand peut espionner pour l'Italie et un Italien pour l'Angleterre.

*
* *

En dehors de ces auxiliaires d'autant plus dangereux qu'on s'en méfie moins les Allemands sont très nombreux en France, comme dans le monde entier du reste, et la plupart des grands ateliers et des grandes usines d'Europe ont au moins un employé ou un ouvrier allemand travaillant à bas prix pour s'y maintenir. C'est en France et en Angleterre qu'ils sont le plus nombreux.

Il y a des Allemands dans les banques, dans les maisons de commerce et de commission, partout enfin jusque dans les travaux de démolition où ils se mêlent aux hommes de peine. Il y en a encore sur toutes les voies de chemins de fer en construction. Cela ne veut pas dire que tous espionnent ; mais cela prouve tout au moins que les moyens d'espionnage sont partout et, jugeant du présent par le passé, on est en droit de supposer sans être exposé à se tromper souvent que là où se trouve un Allemand se rencontre aussi une source de renseignements pour ceux qui les collectionnent.

Du moment qu'on a vu dans l'Est des officiers allemands mêlés aux terrassiers des nouvelles fortifications, — ils ont été condamnés par les tribunaux, — n'est-on pas en droit d'en soupçonner partout ?

*
* *

Le colporteur cosmopolite qui parcourt les pays a reparu. C'est un agent précieux pour qui l'emploie et très dangereux pour les autres. Pauvre d'aspect, il sait inspirer compassion et se faufiler partout; puis, sous prétexte de vendre à bas prix de menus objets, il fait causer les domestiques naïfs.

Il y a encore le saltimbanque; puis le grand seigneur étranger. Ce dernier opère surtout à Paris où, dans des réceptions, il cherche à attirer les jeunes fonctionnaires des administrations; il y a aussi l'étrangère élégante vivant seule, la fausse grande dame de mœurs douteuses qui reçoit et qui peut auprès de grands personnages aux folles passions séniles user du puissant moyen de l'alcôve pour arriver à savoir. En un mot l'espionnage allemand revêtant toutes les formes est partout et, si on peut en temps de guerre le combattre par des moyens radicaux, il est difficile de l'extirper en temps de paix surtout au cœur de la France, à Paris, la grande ville des étrangers.

* * *

Il faut néanmoins observer ses agissements en surveillant sans exception les étrangers et particulièrement les Allemands. Il faut recueillir sur eux et leurs moyens d'existence tous renseignements; savoir, le cas échéant, s'ils se sont fait naturaliser avant ou après 1870, et sur ceux devenus Français s'ils ont opté pour leurs enfants; connaître ceux qui habitaient la France avant la guerre et qui sont revenus; s'ils stationnent ou s'ils voyagent; leurs métiers, leur moralité et toutes choses en un mot pouvant servir d'inductions. Il faut exiger encore que l'étranger, quelle que soit sa nationalité, ne puisse habiter la France sans un permis de séjour comme le font les

Allemands à l'égard des Français en Alsace,; voici, en effet, ce que nous lisions il y a quelques jours (septembre 1876) dans l'*Industriel alsacien* :

« Nous ne saurions jamais assez recommander aux
« Alsaciens dont l'option a été reconnue valable et qui
« habitent la France, de ne pas négliger quand ils se pro-
« posent de rentrer en Alsace de demander à la Kreisdi-
« rection (direction de la guerre) de leur arrondissement
« un permis de séjour afin de se prémunir contre les désa-
« gréments que peut leur occasionner cet oubli ou cette
« négligence.

« Tous les habitants d'Altkirch ont, en effet, été péni-
« blement impressionnés en apprenant dimanche soir
« l'arrestation, au café Schwartz, de M. A. Stoffel et sa
« condamnation, mardi matin, à deux jours de prison.

« M. Stoffel était arrivé samedi soir à Altkirch pour
« assister lundi, 2 octobre, à la vente des immeubles que
« sa mère et son oncle faisaient mettre en adjudication. »

**

Toutes les précautions qui seraient prises, il faut le reconnaître, n'arrêteraient que partiellement le service des renseignements en temps de paix; mais elles aideraient puissamment à l'étouffer en temps de guerre, alors que certains agents, *non allemands*, restent dans le pays pour travailler à la démoralisation du soldat qui bientôt crie tout haut, comme en 1870, cette phrase dissolvante qu'on lui a soufflée :

Nous sommes trahis.

Au moment d'une déclaration de guerre, chaque étranger suspect étant noté d'avance, il serait facile de l'empêcher de nuire. Et pour ce qui est des Allemands qui en 1870 sont allés grossir les rangs de leur armée où ils servaient d'indicateurs quand les troupes arrivaient dans les localités qu'ils avaient habitées et qui les avaient nourris, quant aux Allemands habitant la France, disons-nous, il faudra les y retenir et les interner.

*
* *

Mais le droit des gens ! s'écriera-t-on.

Ici encore les Allemands répondent pour nous : N'ont-ils pas, au mépris de toute convention jurée, fait passer de l'artillerie sous le couvert de la croix de Genève ?

Le prince Frédéric-Charles ne l'ignore pas.

Ce fait montre suffisamment la mesure du respect que nourrissent les généraux allemands pour les principes internationaux (1).

*
* *

Et pour ne dire qu'un seul mot, en passant, de cette institution honorable de société de secours aux blessés opérant indifféremment dans les deux camps, *le haut sentiment qui lui a donné naissance est trop au-dessus des moyens de guerre nouveaux ;* IL FAUT LA SUPPRIMER. — Malgré la grande surveillance de ses chefs, elle sera toujours un nid d'espions.

---

(1) Il deviendra indispensable, étant donnée l'excessive tension — qui ne fera qu'augmenter — de la situation militaire en Europe en cette année 1887 qui commence, que dans l'avenir et au premier cri de guerre chaque pays s'empare des nationaux du pays qu'il va combattre et qui sont établis ou de passage sur son territoire.

CONCLUSION

Maintenant qu'ont été exposés et étudiés, dans leurs qualités, défauts et mise en pratique, les procédés de toute nature, tactiques et autres, introduits dans la guerre moderne par les novateurs allemands, il nous reste à établir les renseignements nés de cette étude.

Cette conclusion, il faut qu'elle réponde au titre de ce travail ; il faut qu'elle réglemente *l'Art de combattre l'armée allemande*. Pour cela elle doit être formulée en principes catégoriques.

Ces principes vont être donnés.

Mais avant de les dire il faut répéter une dernière fois que tous les efforts de l'adversaire doivent tendre continuellement à approcher l'Allemand.

Or, étant donnée la grande distance à laquelle ce dernier cherchera toujours à se maintenir, cette nécessité impérieuse ne pourra être satisfaite que par la surprise qui commande elle-même la grande rapidité d'action exigeant l'emploi de troupes rapides, c'est-à-dire de troupes de cavalerie.

Ce n'est donc pas par la seule artillerie qu'on culbutera

les masses de M. de Moltke comme la croyance en est généralement répandue, *c'est* SURTOUT *par de la cavalerie.*

A la cavalerie la difficile et héroïque mission d'arriver jusqu'aux pieds du géant.

Alors, peut-être, verra-t-on que ce Goliath germain si soucieux de ne pas se laisser toucher n'est qu'un colosse aux pieds d'argile.

*
* *

Revenons aux principes à établir. Certains d'entre eux sortent franchement des lois de la guerre et du droit des gens qui ont toujours été plus ou moins observées dans le passé et qui, lorsqu'elles sont dédaignées — ce qui arrive souvent — ne sont jamais ouvertement violées. Mais dans les conditions inouïes où les Allemands ont rabaissé la guerre, quand au mépris de toutes les grandes traditions du passé qui comportaient forcément des conventions de dignité ils ont descendu cette sublime extrémité au rang d'une entreprise financière, dans les données nouvelles en un mot il ne doit plus être question d'autres procédés de guerre que ceux pouvant répondre à la nécessité de ne pas être vaincu : il faut repousser toute autre loi que celle de vaincre coûte que coûte.

Le triomphateur qui, après cela, sentirait sous ses lauriers la rougeur lui monter au front trouverait des consolations en se répétant le vieux proverbe : La fin justifie les moyens.

Et maintenant concluons.

PRINCIPES DE L'ART DE COMBATTRE L'ARMÉE ALLEMANDE

1° *La perfection atteinte en temps de paix dans tous les services auxiliaires de l'armée : intendance, train, télégraphes, chemins de fer, etc.*

2° *L'internement, sans autre exception que le personnel de l'ambassade, de tous les Allemands et des étrangers suspects, au premier cri de guerre.*

3° *La répression sans merci de l'espionnage.*

4° *La suppression des œuvres internationales, quelles qu'elles soient, dont la mission est d'agir indifféremment dans les deux camps.*

5° *La plus grande rapidité dans le passage du pied de paix au pied de guerre et dans la mobilisation.*

6° *L'emploi d'une cavalerie nombreuse montée sur les meilleurs chevaux.*

7° *La création de corps spéciaux de tirailleurs, pris dans tous les régiments, et opérant en enfants perdus comme les corps francs de 1870.*

8° *La multiplicité des attaques de nuit, fatiguant l'Allemand, alors que lui manque sa plus grande force : le regard de son chef.*

9° *L'atteindre à la baïonnette le plus souvent possible.*

10° *La poursuite sans relâche après tout avantage, si petit qu'il soit.*

*
* *

Tels sont les principes qui résultent de nos observations.

UN DERNIER MOT

—

Nous sommes à la fin de ce travail, dans lequel tous nos efforts ont tendu à généraliser le problème, c'est-à-dire à traiter la question pour toutes les armées sans exception qui pourraient être appelées à combattre les forces allemandes.

Notre œuvre, par cela, est forcément incomplète en ce qui concerne la France. L'état actuel de ce pays, illustre par les innombrables faits de guerre passés, commande l'adjonction aux dix principes qui viennent d'être énoncés de deux dernières recommandations dont le lecteur comprendra instantanément la haute importance.

A. *La mise en état de siége de tout le pays ; c'est-à-dire la suppression absolue et immédiate de tous pouvoirs civils, aussitôt la guerre déclarée.*

B. *Le fonctionnement général de cours martiales réprimant sans retard tout crime ou délit par manifestation, écrit, parole ou autre tentative contre le pouvoir absolu des autorités militaires, — le condamné étant exécuté sur l'heure.*

Ces deux derniers principes devront être rigoureusement observés dans notre France si cruellement accablée de l'esprit d'opposition aveugle qu'un ennemi adroit peut exploiter contre la nation tout entière aux heures de fièvre que la guerre apporte toujours avec elle.

Les misérables surgissent nombreux alors qui, pour se faire une popularité malsaine aux dépens de l'esprit de patriotisme, veulent étouffer le respect que chacun, du petit au grand, doit au soldat qui va verser son sang, tandis que dans l'armée elle-même ces traîtres cherchent à détruire la grande force vitale qui s'appelle la discipline.

Ces gens, qui ne se montrent que dans les guerres civiles pour tuer des compatriotes et qu'on ne rencontre jamais sur un champ de bataille où ils ne veulent pas s'exposer aux balles de l'ennemi de la patrie dont ils sont les réels alliés, ne lèvent la tête qu'aux heures de larmes, quand ils entrevoient le désordre qui leur permettra de prendre part à la curée qu'ils espèrent. Il faut les fusiller sans pitié, et aujourd'hui plus que jamais parce que dans tous les braves cœurs grandit le désir que la puissante union règne sans réserve entre tous les Français le jour où l'ennemi appellerait hors du fourreau les vaillantes épées qui y dorment du triste sommeil du vaincu.

*
* *

Ce jour-là, jour d'unité complète, jour tant souhaité, l'auteur de ce travail le fera reparaître sans y ajouter ou retrancher une seule ligne.

Il n'en changera que le titre.

Et, tenant toujours pour objectif l'armée allemande, au lieu de l'*Art de combattre* il écrira d'une plume franchement convaincue :

L'ART DE VAINCRE.

Paris, novembre 1876.

POSTFACE

Honneur et Patrie !

Avant de finir j'ai à aller au-devant d'un reproche ; j'ai à répondre à ceux qui diront qu'en livrant ces lignes au public je fais œuvre de maladroite provocation.

Je remonterai de seize ans pour chercher le commencement de mes explications.

Vers la fin de décembre 1870 je fus témoin du fait divers suivant qui se passait à Paris aux avant-postes.

On était parvenu — et cela avait pris du temps — à y conduire quelques-uns de ces bataillons, embryons de la future commune, armés exceptionnellement de chassepots de par la volonté du généralissime Flourens qu'un officier de gendarmerie devait bientôt saigner comme un monstre — car ceux-là sont des monstres qui évitant l'ennemi réservent leurs balles pour la guerre des rues sous les yeux d'un envahisseur. On était donc parvenu à semer quelques hommes de ces légions exceptionnelles dans les tranchées.

Ils n'y allaient pas de bon cœur... Faut-il leur en vouloir alors que la désespérance était un peu partout ?...

Quoi qu'il en fût, nos gardes nationaux mobilisés de

tout à l'heure — dont le colonel compromis ensuite dans la commune et maintenant consul de France quelque part — se trouvaient en première ligne — et de nuit.

L'un d'eux plus impatient, plus timide, plus fantaisiste ou plus brave que les autres — tout cela se tient dans le cœur de l'homme — fit feu de son fusil dont le bruit troubla sinistrement le silence.

Au même moment il reçut dans les basses œuvres sonores un violent coup de pied, tandis que la voix étouffée de son officier qui lui avait donné cette communarde accolade disait :

— Sacré idiot, ne les excitez donc pas !...

*
* *

Ce mot nous parut épique à nous de l'armée qui flânions par là. Il n'était pourtant pas exceptionnel car j'en ai trouvé le pendant dans certains journaux de l'autre jour.

L'un d'eux après les récents discours de M. de Bismarck au Reichstag n'a-t-il pas imprimé à peu près ceci :

« La harangue, pour pacifique qu'elle paraisse, n'en est pas moins perfide ; aussi faut-il éviter maintenant toute démonstration de quiconque, tout écrit de journaliste donnant la moindre prise au chancelier, etc... »

Alors en 1887, seize ans après le mot de l'officier des « Sang-impur » de tout à l'heure, il faut continuer à ne pas « les exciter. »

Ce serait grotesque s'il n'était humiliant de voir imprimer pareilles platitudes en France !...

Ceci répond suffisamment aux reproches éventuels d'avoir, sur le ton que j'ai choisi, publié cette brochure ; mais je n'ai pas tout dit.

Depuis quinze ans et plus, comme aux enfants pas sages, on nous fait la menace du croquemitaine allemand.

Croit-on nous effrayer toujours ?

— Gare à être mangés, crie-t-on sur toutes les gammes.

En voilà assez, — d'abord parce que ce n'est ni digne ni honorable et ensuite parce que ce n'est pas vrai ; parce que, comme je l'ai écrit en épigraphe sur la couverture : *la victoire finit toujours par revenir au plus vaillant* et que, dans l'espèce, le plus vaillant c'est nous.

Le vrai croquemitaine — qui est plutôt une rampante vipère — est parmi ceux des nôtres qui, aux héroïques heures d'abnégation générale, chercheront à jeter la division dans nos rangs et à refaire un quatre septembre devant l'ennemi, parmi ceux — tribuns, hâbleurs et publicistes — qui chercheront à entraver l'action militaire, ceux que — comme je l'ai dit — il faudra fusiller ou pendre sans pitié et qui déjà n'attendent même pas que le gant soit jeté pour baver leurs dissolvants discours.

N'a-t-on pas vu hier encore, dans la séance parlementaire du 20 janvier, un obscur député de Lyon, assoiffé sans doute de réclame électorale, vertement secoué par M. Paul de Cassagnac pour avoir — en ce moment où courent des bruits de guerre — émis l'antipatriotique prétention que les fils des Français croyant en Dieu fussent exclus de la marine et des commandements de navire ?...

Peut-être cet héroïque canotier du Rhône, ayant vu son ancien patron Paul Bert prendre prétentieusement au Tonkin, et pour deux cent cinquante mille francs l'an, la place d'un général ou d'un amiral qui coûte dix fois moins, considère-t-il les cuirassés et les torpilleurs comme de simples sous-préfectures ou des bureaux de tabac en lesquels il voudrait loger quelques bons communards de la Croix-Rousse ?... Et, qui sait ? peut-être songe-t-il à s'y glisser lui-même un jour, de par cette habitude devenue traditionnelle qu'a prise la R. F. de caser grassement les députés républicains qui ont fini par dégoûter jusqu'à leurs électeurs, peu difficiles pourtant.

Avant que de demander la proscription des descendants de ceux à qui la France doit la plus large part de sa grandeur, le sous-vétérinaire de Lyon, qui a failli devenir ministre lors du dernier ravaudage, aurait dû se rappeler que longue est la liste des pères de ces futurs marins qui, quand même et pour la France tombée en République, sont morts sous les balles allemandes — tandis que les recherches les plus minutieuses, opérées depuis l'année terrible, n'ont pas encore abouti à découvrir le nom d'un seul républicain de marque tué à l'ennemi.

*
* *

Donc qu'on ne vienne plus nous parler de croquemitaines et qu'ils se taisent aussi, ces vipérins épouvantails rouges qui cherchent à éclaircir nos rangs par la plus honteuse division : celle qui trahit la Patrie.

Qu'ils nous laissent tous, et à pleins poumons, pousser ce cri de Vive la France ! qui durera plus qu'aucun autre, dût ce vieux cri agacer M. de Bismarck et exciter ses soldats, dont la nature plus que la nôtre a besoin de l'être. Foin du malsain émoi. Parlons à cœur ouvert, sans bravade, mais aussi sans faiblesse. Et si l'Allemand doit venir, allons à lui d'un cœur ferme, avec confiance, parce que chaque fois que nous avons eu la rare veine de les toucher corps à corps du bout de nos baïonnettes ou simplement de notre canne ils ont fondu dans la fuite.

Ils ont cédé comme il arrivera toujours parce que nous sommes plus vaillants qu'eux, parce que quoi qu'ait fait, que fasse ou que fera M. de Moltke il ne supprimera pas la bravoure du cœur des vrais soldats quels qu'ils soient, Russes, Autrichiens ou Français. Cette bravoure, il a pu la surprendre en 1866 et en 1870; il ne parviendra jamais à l'arracher des peuples dont elle est un naturel apanage, pas plus qu'il ne pourrait créer une classe d'êtres fabuleux, naissant avec un seul œil au milieu du front comme les cyclopes.

Oui, je publie cette brochure — ce pamphlet si l'on veut. Je le publie d'un cœur léger, comme disait M. Emile Ollivier. Oui, je parle haut car je sens à côté de moi dans leur pleine vitalité toutes les vieilles ardeurs annihilées alors par la Révolution bohéme de 1870 qui les redoutait parce qu'avant la grandeur de la France elle voulait la République avec laquelle elles n'ont rien de commun, la Marianne soumise et de longtemps rêvée, celle qui sait si bien caresser ses souteneurs.

*
* *

Que les purs enfants de la vieille France laissent dignement venir les choses, sans forfanterie ni effroi, et quand sonnera l'heure suprême tous se retrouveront: hommes devenus vieux, jeunes devenus mûrs, enfants devenus soldats, tous vrais Français, tandis que les saints opportunistes — répondant à leur passé et à leur nom de sain quand même — se sauveront dans le Midi, où ils s'engageront parmi les *Vengeurs de Saint-Sébastien*, en beuglant : Vive la République, pendant que marchant droit aux balles les autres chanteront : Vive la France !

Et voilà pourquoi les menaces de guerre m'inquiètent peu ; je ne l'appelle ni ne la redoute ; je me ris de l'Allemand comme je me rirai de tous ceux qui voudront faire trembler les fils des vieux Gaulois qui depuis vingt-trois siècles, depuis Brennus, ont grandi sans cesse dans une gloire presque toujours éclatante.

Je suis heureux de le rappeler, et ce qui reste des anciens soldats de 1870 et tous les jeunes qui depuis ont poussé pour la Patrie s'en souviendront avec moi ; tous auront ce cri aux lèvres : Avec Dieu pour la grandeur de la France et le repos de nos enfants !

25 janvier 1887.

PARIS. — IMP. CH. SCHLAEBER, 257, RUE SAINT-HONORÉ.